원리를 아니까 재밌게 하니까

아하 한글 배우기 ²

❷

자음 글자를 배워요

창비

왜 『아하 한글 배우기』로 시작해야 할까요?

『아하 한글 배우기』는 쉬운 글자부터 어려운 글자까지, 한글을 조합하는 원리를 3단계로
배울 수 있도록 만들었어요. 주변 사물의 이름에서 필요한 글자를 찾으며 흥미를 높이고, 또
글자 모양을 몸이나 사물과 연결하며 한글의 원리를 익힐 수 있도록 했어요.
이 책은 한글을 처음 배우는 아이부터 한글 학습에 어려움을 겪는 아이 모두를 위한 기본
교재예요. 그러므로 누구나 이 책으로 한글을 배우면 모르는 글자도 읽고 쓸 수 있어요.

『아하 한글 배우기』 시리즈 구성

1단계 기본 글자를 읽어요

1권: 모음 글자를 배워요

1권에서는 먼저 모음 글자 10개(ㅏ, ㅑ, ㅓ, ㅕ, ㅗ, ㅛ, ㅜ, ㅠ, ㅡ, ㅣ)를 배워요.
이 글자들이 전체 모음 글자의 84%를 차지하기 때문이에요. 현존하는 최초의
한글 학습서인 『훈몽자회』(1527년)에도 10개의 모음이 먼저 나와요. 교과서나
사전은 'ㅏ, ㅐ, ㅑ, ㅒ, ㅓ, ㅔ…' 순서로 되어 있어 사용하기 번거로우므로,
이 책에서는 『훈몽자회』의 원칙을 따르면서, 현대 한글에서 사용하는 빈도를
고려하여 많이 쓰는 모음을 먼저 배우도록 했어요.

2권: 자음 글자를 배워요

2권에서는 첫소리에서 가장 많이 사용하는 자음 글자 13개(ㄱ, ㄴ, ㄷ, ㄹ, ㅁ, ㅂ,
ㅅ, ㅈ, ㅊ, ㅋ, ㅌ, ㅍ, ㅎ)를 배워요. 'ㄱ~ㅎ'이 첫소리에 오는 경우가 전체 한글의
97%가 넘기 때문이에요. 쌍자음은 사용 빈도가 낮고, 다른 자음과 함께 배우면
부담스러우므로 복잡한 모음과 함께 가장 나중에 배워요.

글자와 소리의 중심!
기본 모음부터 탄탄하게!

많이 쓰는 자음만
모아서 먼저!

7개의 기본 받침만 먼저
효율적으로!

『아하 한글 배우기』로
한글 떼기
100% 완성!

쌍자음과 복잡한 모음만
모아 한 권으로!

2단계 받침 글자도 읽어요

3권: 받침 글자를 배워요

3권에서는 가장 많이 쓰는 기본 받침 7개(ㄱ, ㄴ, ㄹ, ㅁ, ㅂ, ㅅ, ㅇ)를 배워요.
기본 받침이 전체 받침 글자의 90%를 차지하기 때문이에요. 이들 받침은 대부분
소리 나는 대로 쓸 수 있어서 중요하고 배우기 쉬워요. 이것 역시 『훈민정음』과
『훈몽자회』의 원칙을 따른 거예요.

3단계 복잡한 글자까지 읽어요

4권: 복잡한 글자를 배워요

4권에서는 복잡한 모음 11개(ㅐ, ㅔ, ㅘ, ㅢ, ㅝ, ㅚ, ㅙ, ㅝ, ㅞ, ㅒ, ㅖ)와 복잡한
자음 5개(ㄲ, ㄸ, ㅃ, ㅆ, ㅉ)를 모아서 배워요. 잘 사용하지 않고 모양이 복잡한
글자를 모아서 한꺼번에 배우는 것이 효율적이기 때문이에요. 복잡한 모음
중에서도 'ㅒ, ㅖ'는 전체의 0.02%밖에 되지 않고 글자 모양이 어렵기 때문에
가장 나중에 배워요. 쌍자음도 전체의 2.29%밖에 안 되기 때문에 굳이 빨리 배울
필요는 없어요.

이 책을 자세히 들여다볼까요?

1단계. 소리와 글자를 연결하고 글자 모양을 기억해요

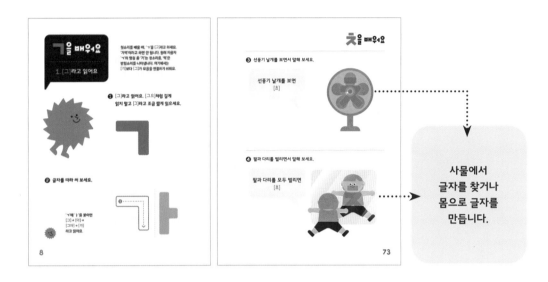

자음을 붙여 소리 내어 읽으면서 소리와 글자를 연결합니다.
그다음에는 'ㅏ'를 붙여 음절 글자를 만들어 소리를 냅니다.
좋아하는 대상에서 글자의 모양을 찾아보는 것도 좋습니다.

자음 수수께끼를 소개합니다!

책에 있는 글자 모양 그림을 수수께끼처럼 활용해 보세요.

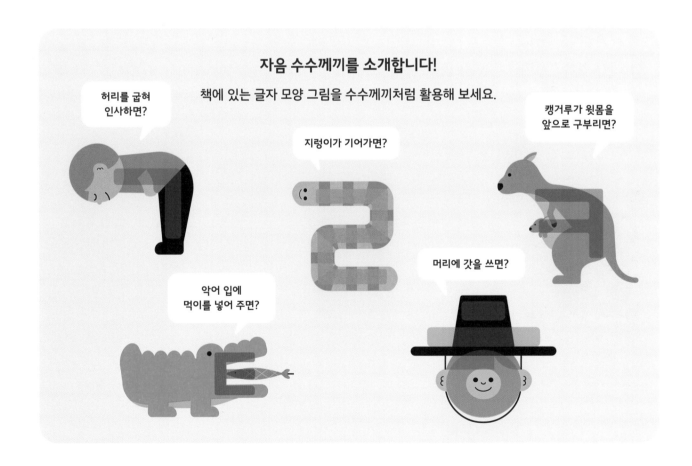

자음 글자를 배우어요

2단계. 단어를 소리 내어 읽고 소리에 맞는 글자를 써요

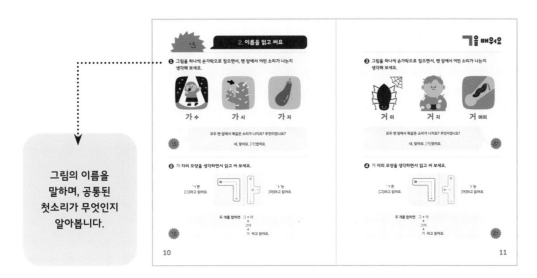

> 그림의 이름을
> 말하며, 공통된
> 첫소리가 무엇인지
> 알아봅니다.

손가락으로 그림을 짚으면서 이름을 소리 내어 말합니다. 이름을 말하다 보면 첫째 음절의 소리가 같다는 것을 알게 됩니다. 이 소리가 무엇인지 확인하고, 이 소리에 맞는 글자를 배운다는 점을 확실히 학습하고 넘어갑니다. 자음이 모음과 만나 글자를 이루는 원리도 알아봅니다.

3단계. 자음이 들어간 단어를 더 찾아보고, 글자를 읽고 쓰는 연습을 해요

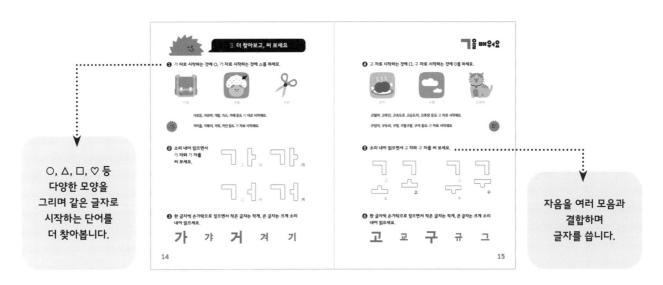

> ○, △, □, ♡ 등
> 다양한 모양을
> 그리며 같은 글자로
> 시작하는 단어를
> 더 찾아봅니다.

> 자음을 여러 모음과
> 결합하며
> 글자를 씁니다.

배우는 자음이 첫소리에 들어간 단어를 더 찾아봅니다. 똑같은 자음이 서로 다른 모음을 만나 생기는 소리의 차이에 집중하고, 글자를 소리 내어 읽으며 반복해서 씁니다. 억지로 10개의 모음 전부와 결합한 글자를 모두 쓰거나 외울 필요는 없습니다. 뒤로 갈수록 자연스럽게 알게 되기 때문입니다.

몸을 움직여
자음 글자를
만들어 보세요.

아하 한글 배우기 ②

두 손으로
산을 만들면
[ㅅ]

자음 글자를 배워요

ㄱ을 배우어요

1. [그]라고 읽어요

첫소리를 배울 때, 'ㄱ'을 [그]라고 하세요. '기역'이라고 하면 안 됩니다. 원래 자음자 'ㄱ'의 명칭 중 '기'는 첫소리를, '역'은 받침소리를 나타냅니다. 여기에서는 [기]보다 [그]가 모음을 연결하기 쉬워요.

❶ [그]라고 읽어요. [그으]처럼 길게 읽지 말고 [그]라고 조금 짧게 읽으세요.

❷ 글자를 따라 써 보세요.

'ㄱ'에 'ㅏ'를 붙이면
[그] + [아] →
[그아] → [가]
라고 읽어요.

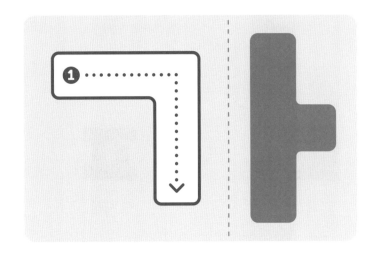

8

❸ 오른손 집게손가락을 구부리면서 말해 보세요.

손가락을 구부리면
[ㄱ]

❹ 허리를 굽혀 인사하면서 말해 보세요.

허리를 굽혀 인사하면
[ㄱ]

❶ 손가락으로 그림을 짚으면서 이름을 말하고, 맨 앞에서 어떤 소리가 나는지 생각해 보세요.

가수

가시

가지

모두 맨 앞에서 똑같은 소리가 나지요? 무엇이었나요?

네, 맞아요. [가]였어요.

❷ 가 자의 모양을 생각하면서 읽고 써 보세요.

'ㄱ'은
[그]라고 읽어요.

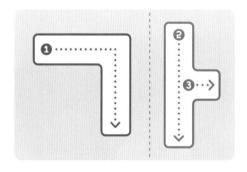

'ㅏ'는
[아]라고 읽어요.

두 개를 합하면 그 + 아
↓
그아
↓
가라고 읽어요.

❸ 손가락으로 그림을 짚으면서 이름을 말하고, 맨 앞에서 어떤 소리가 나는지
생각해 보세요.

거미   거지   거머리

모두 맨 앞에서 똑같은 소리가 나지요? 무엇이었나요?

네, 맞아요. [거]였어요.

❹ 거 자의 모양을 생각하면서 읽고 써 보세요.

'ㄱ'은   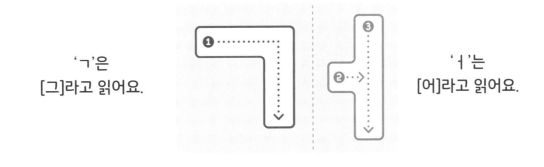   'ㅓ'는
[그]라고 읽어요.   [어]라고 읽어요.

두 개를 합하면   그 + 어
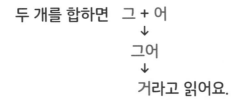
                     ↓
                    그어
                     ↓
              거라고 읽어요.

❺ 손가락으로 그림을 짚으면서 이름을 말하고, 맨 앞에서 어떤 소리가 나는지 생각해 보세요.

고 리

고 추

고 구마

모두 맨 앞에서 똑같은 소리가 나지요? 무엇이었나요?

네, 맞아요. [고]였어요.

---

❻ 고 자의 모양을 생각하면서 읽고 써 보세요.

'ㄱ'은 [그]라고 읽어요.

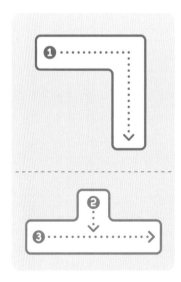

'ㅗ'는 [오]라고 읽어요.

두 개를 합하면

$$\begin{matrix}ㄱ\\+\\ㅗ\end{matrix} \rightarrow \begin{matrix}ㄱ\\ㅗ\end{matrix} \rightarrow 고$$

라고 읽어요.

❼ 손가락으로 그림을 짚으면서 이름을 말하고, 맨 앞에서 어떤 소리가 나는지
생각해 보세요.

구　　　　구두　　　　구구

모두 맨 앞에서 똑같은 소리가 나지요? 무엇이었나요?

네, 맞아요. [구]였어요.

❽ 구 자의 모양을
생각하면서
읽고 써 보세요.

'ㄱ'은 [그]라고 읽어요.

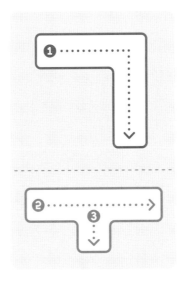

'ㅜ'는 [우]라고 읽어요.

두 개를 합하면

ㄱ
ㅜ ＋ → 그우 → 구

라고 읽어요.

❶ 가 자로 시작하는 것에 ○, 거 자로 시작하는 것에 △를 하세요.

가방

거품

가위

가로등, 가르마, 가발, 가스, 가재 등도 가 자로 시작해요.

거미줄, 거북이, 거위, 거인 등도 거 자로 시작해요.

❷ 소리 내어 읽으면서 가 자와 거 자를 써 보세요.

ㄱ ㅏ
그 아

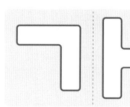
가

ㄱ ㅓ
그 어

거

❸ 한 글자씩 손가락으로 짚으면서 작은 글자는 작게, 큰 글자는 크게 소리 내어 읽으세요.

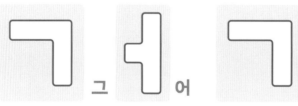

가 갸 거 겨 기

14

❹ 고 자로 시작하는 것에 □, 구 자로 시작하는 것에 ♡를 하세요.

고기   구름   고양이

고릴라, 고무신, 고속도로, 고슴도치, 고추장 등도 고 자로 시작해요.

구덩이, 구두쇠, 구멍, 구불구불, 구석 등도 구 자로 시작해요.

❺ 소리 내어 읽으면서 고 자와 구 자를 써 보세요.

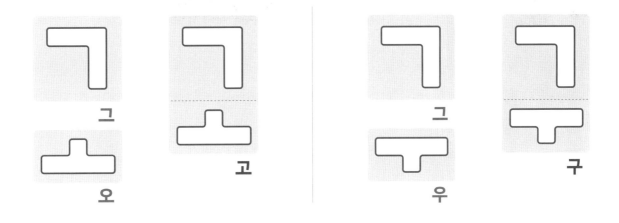

**❻ 한 글자씩 손가락으로 짚으면서 작은 글자는 작게, 큰 글자는 크게 소리
내어 읽으세요.**

고 교 구 규 그

ㄴ을 배우어요

1. [느]라고 읽어요

첫소리를 배울 때, 'ㄴ'을 [느]라고 하세요. '니은'이라고 하면 안 됩니다. 원래 자음자 'ㄴ'의 명칭 중 '니'는 첫소리를, '은'은 받침소리를 나타냅니다. 여기에서는 [니]보다 [느]가 모음을 연결하기 쉬워요.

❶ [느]라고 읽어요. [느으]처럼 길게 읽지 말고 [느]라고 조금 짧게 읽으세요.

❷ 글자를 따라 써 보세요.

'ㄴ'에 'ㅏ'를 붙이면
[느] + [아] →
[느아] → [나]
라고 읽어요.

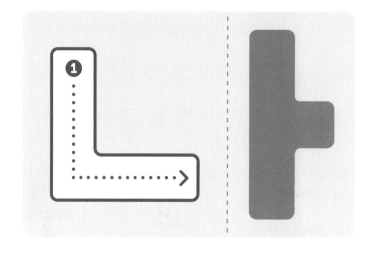

❸ 왼손으로 가위 모양을 만들면서 말해 보세요.

가위 모양을 만들면
[ㄴ]

❹ 다리를 펴고 앉으면서 말해 보세요.

앉아서 두 다리를 펴면
[ㄴ]

❶ 손가락으로 그림을 짚으면서 이름을 말하고, 맨 앞에서 어떤 소리가 나는지 생각해 보세요.

나   나무   나비

모두 맨 앞에서 똑같은 소리가 나지요? 무엇이었나요?

네, 맞아요. [나]였어요.

❷ 나 자의 모양을 생각하면서 읽고 써 보세요.

'ㄴ'은
[느]라고 읽어요.

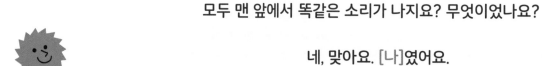

'ㅏ'는
[아]라고 읽어요.

두 개를 합하면   느 + 아
↓
느아
↓
나라고 읽어요.

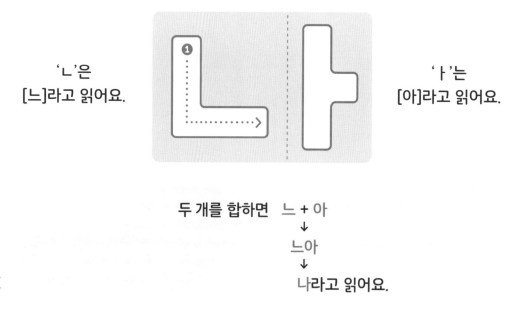

❸ 손가락으로 그림을 짚으면서 이름을 말하고, 맨 앞에서 어떤 소리가 나는지 생각해 보세요.

너　　　　너비　　　　너구리

모두 맨 앞에서 똑같은 소리가 나지요? 무엇이었나요?

네, 맞아요. [너]였어요.

❹ 너 자의 모양을 생각하면서 읽고 써 보세요.

'ㄴ'은
[느]라고 읽어요.

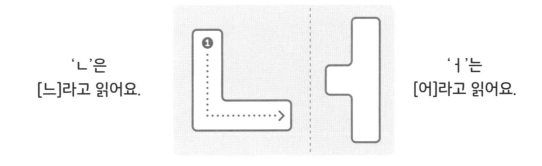

'ㅓ'는
[어]라고 읽어요.

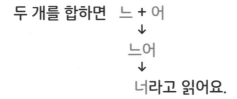

두 개를 합하면　ㄴ + 어
↓
느어
↓
너라고 읽어요.

❺ 손가락으로 그림을 짚으면서 이름을 말하고, 맨 앞에서 어떤 소리가 나는지
생각해 보세요.

노래

노트

노크

모두 맨 앞에서 똑같은 소리가 나지요? 무엇이었나요?

네, 맞아요. [노]였어요.

❻ 노 자의 모양을
생각하면서
읽고 써 보세요.

'ㄴ'은 [느]라고 읽어요.

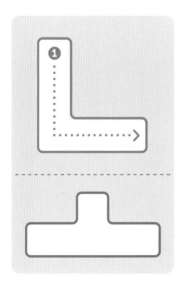

'ㅗ'는 [오]라고 읽어요.

두 개를 합하면

느
오 + 느 오 → 느 오 → 노

라고 읽어요.

20

❼ 손가락으로 그림을 짚으면서 이름을 말하고, 맨 앞에서 어떤 소리가 나는지 생각해 보세요.

  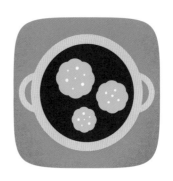

누나   **누**에   **누**룽지

모두 맨 앞에서 똑같은 소리가 나지요? 무엇이었나요?

네, 맞아요. [누]였어요.

---

❽ 누 자의 모양을 생각하면서 읽고 써 보세요.

'ㄴ'은 [느]라고 읽어요.

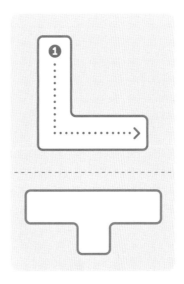

'ㅜ'는 [우]라고 읽어요.

두 개를 합하면

느 → 느 → 누
우 → 우

라고 읽어요.

❶ 나 자로 시작하는 것에 ○, 너 자로 시작하는 것에 △를 하세요.

나이

나사

너와집

나그네, 나귀, 나들이, 나라, 나물 등도 나 자로 시작해요.

너울, 너머, 너희, 너트 등도 너 자로 시작해요.

❷ 소리 내어 읽으면서 나 자와 너 자를 써 보세요.

 느 아   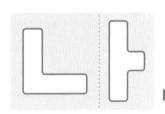 나

ㄴ 느 ㅓ 어   ㄴ 너

❸ 한 글자씩 손가락으로 짚으면서 작은 글자는 작게, 큰 글자는 크게 소리 내어 읽으세요.

나 냐 너 녀 니

④ 노 자로 시작하는 것에 □, 누 자로 시작하는 것에 ♡를 하세요.

누더기

노을

노인

노, 노끈, 노랑, 노루, 노른자 등도 노 자로 시작해요.

누구, 누이, 누명 등도 누 자로 시작해요.

⑤ 소리 내어 읽으면서 노 자와 누 자를 써 보세요.

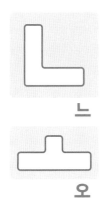

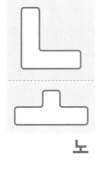

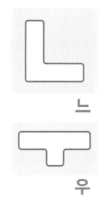

⑥ 한 글자씩 손가락으로 짚으면서 작은 글자는 작게, 큰 글자는 크게 소리 내어 읽으세요.

노 뇨 누 뉴 느

ㄷ을 배우어요

1. [드]라고 읽어요

첫소리를 배울 때, 'ㄷ'을 [드]라고 하세요. '디귿'이라고 하면 안 됩니다. 원래 자음자 'ㄷ'의 명칭 중 '디'는 첫소리를, '귿'은 받침소리를 나타냅니다. 여기에서는 [디]보다 [드]가 모음을 연결하기 쉬워요.

❶ [드]라고 읽어요. [드으]처럼 길게 읽지 말고 [드]라고 조금 짧게 읽으세요.

❷ 글자를 따라 써 보세요.

'ㄷ'에 'ㅏ'를 붙이면
[드] + [아] →
[드아] → [다]
라고 읽어요.

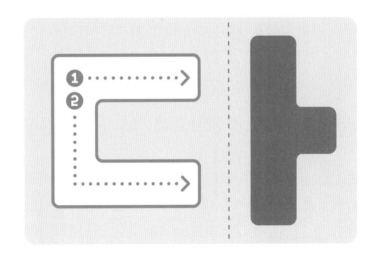

❸ 왼손으로 악어 입 모양을 만들면서 말해 보세요.

왼손으로
악어 입 모양을 만들면
[드]

❹ 앉아서 다리와 나란하게 팔을 뻗으면서 말해 보세요.

앉아서
다리와 나란하게
팔을 뻗으면
[드]

❶ 손가락으로 그림을 짚으면서 이름을 말하고, 맨 앞에서 어떤 소리가 나는지
생각해 보세요.

다리   **다**리미   **다**리

모두 맨 앞에서 똑같은 소리가 나지요? 무엇이었나요?

네, 맞아요. [다]였어요.

❷ 다 자의 모양을 생각하면서 읽고 써 보세요.

'ㄷ'은
[드]라고 읽어요.

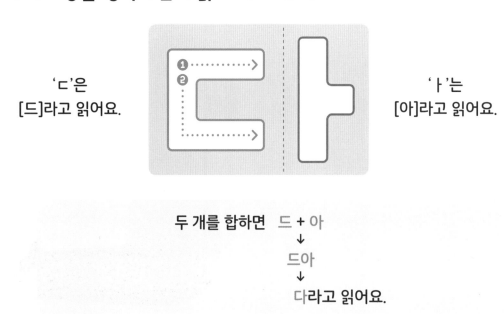

'ㅏ'는
[아]라고 읽어요.

두 개를 합하면   드 + 아
↓
드아
↓
다라고 읽어요.

❸ 손가락으로 그림을 짚으면서 이름을 말하고, 맨 앞에서 어떤 소리가 나는지
생각해 보세요.

더 하기   **더** 위   **더** 듬이

모두 맨 앞에서 똑같은 소리가 나지요? 무엇이었나요?

네, 맞아요. [더]였어요.

❹ 더 자의 모양을 생각하면서 읽고 써 보세요.

'ㄷ'은
[드]라고 읽어요.

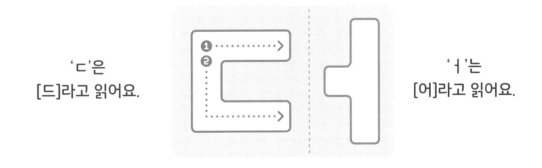

'ㅓ'는
[어]라고 읽어요.

두 개를 합하면   드 + 어
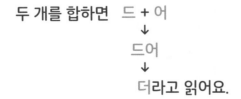
↓
드어
↓
더라고 읽어요.

❺ 손가락으로 그림을 짚으면서 이름을 말하고, 맨 앞에서 어떤 소리가 나는지
생각해 보세요.

도마　　　　　　도토리　　　　　　도로

모두 맨 앞에서 똑같은 소리가 나지요? 무엇이었나요?

네, 맞아요. [도]였어요.

❻ 도 자의 모양을
생각하면서
읽고 써 보세요.

'ㄷ'은 [드]라고 읽어요.

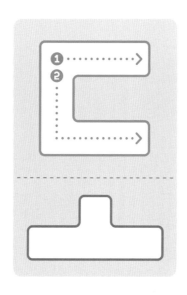

'ㅗ'는 [오]라고 읽어요.

두 개를 합하면

드
＋ → 드 → 도
오 　 오

라고 읽어요.

❼ 손가락으로 그림을 짚으면서 이름을 말하고, 맨 앞에서 어떤 소리가 나는지 생각해 보세요.

두부　　　두유　　　두더지

모두 맨 앞에서 똑같은 소리가 나지요? 무엇이었나요?

네, 맞아요. [두]였어요.

❽ 두 자의 모양을 생각하면서 읽고 써 보세요.

'ㄷ'은 [드]라고 읽어요.

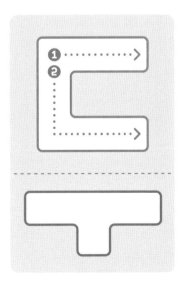

'ㅜ'는 [우]라고 읽어요.

두 개를 합하면

드 + 우 → 드우 → 두

라고 읽어요.

① 다 자로 시작하는 것에 ○, 더 자로 시작하는 것에 △를 하세요.

다람쥐

다이빙

더듬더듬

다락방, 다섯, 다슬기, 다시마, 다이아몬드 등도 다 자로 시작해요.

더덕, 더덩실, 더럽다, 더미, 더벅머리 등도 더 자로 시작해요.

② 소리 내어 읽으면서 다 자와 더 자를 써 보세요.

다

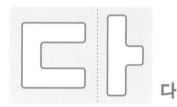
다

더

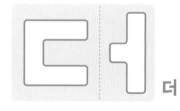
더

③ 한 글자씩 손가락으로 짚으면서 작은 글자는 작게, 큰 글자는 크게 소리 내어 읽으세요.

다 댜 더 뎌 디

❹ 도 자로 시작하는 것에 □, 두 자로 시작하는 것에 ♡를 하세요.

도깨비

두꺼비

도서관

도넛, 도둑, 도라지, 도마뱀, 도망 등도 도 자로 시작해요.

두근두근, 두께, 두뇌, 두루마리, 두루미 등도 두 자로 시작해요.

---

❺ 소리 내어 읽으면서 도 자와 두 자를 써 보세요.

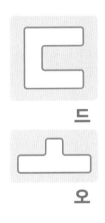

드

오

도

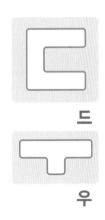

드

우

두

---

❻ 한 글자씩 손가락으로 짚으면서 작은 글자는 작게, 큰 글자는 크게 소리 내어 읽으세요.

도 됴 두 듀 드

ㄹ을 배우어요

······

1. [르]라고 읽어요

첫소리를 배울 때, 'ㄹ'을 [르]라고 하세요. '리을'이라고 하면 안 됩니다. 원래 자음자 'ㄹ'의 명칭 중 '리'는 첫소리를, '을'은 받침소리를 나타냅니다. 여기에서는 [리]보다 [르]가 모음을 연결하기 쉬워요.

❶ [르]라고 읽어요. [르으]처럼 길게 읽지 말고 [르]라고 조금 짧게 읽으세요.

---

❷ 글자를 따라 써 보세요.

'ㄹ'에 'ㅏ'를 붙이면
[르] + [아] →
[르아] → [라]
라고 읽어요.

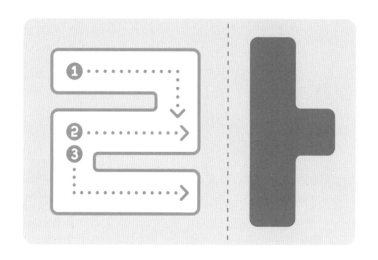

❸ 두 손으로 악어 입 모양을 만들어 합치면서 말해 보세요.

두 손의
악어 입 모양을 합치면
[르]

❹ 지렁이가 기어가는 모습을 생각하면서 말해 보세요.

지렁이가 기어가면
[르]

❶ 손가락으로 그림을 짚으면서 이름을 말하고, 맨 앞에서 어떤 소리가 나는지
생각해 보세요.

라 디오   라 이터   라 켓

모두 맨 앞에서 똑같은 소리가 나지요? 무엇이었나요?

네, 맞아요. [라]였어요.

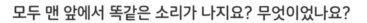

❷ 라 자의 모양을 생각하면서 읽고 써 보세요.

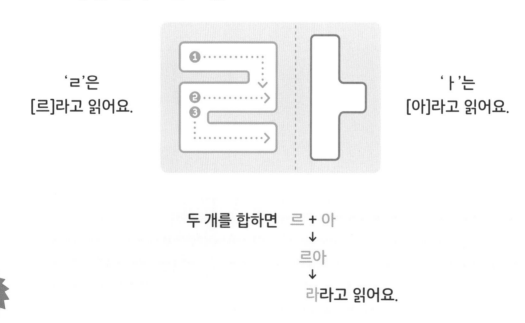

'ㄹ'은
[르]라고 읽어요.

'ㅏ'는
[아]라고 읽어요.

두 개를 합하면 르 + 아
                    ↓
                  르아
                    ↓
                  라라고 읽어요.

34

❸ 손가락으로 그림을 짚으면서 이름을 말하고, 맨 앞에서 어떤 소리가 나는지
생각해 보세요.

러 닝셔츠   **러** 시아   **러** 그

모두 맨 앞에서 똑같은 소리가 나지요? 무엇이었나요?

네, 맞아요. [러]였어요.

❹ 러 자의 모양을 생각하면서 읽고 써 보세요.

'ㄹ'은
[르]라고 읽어요.   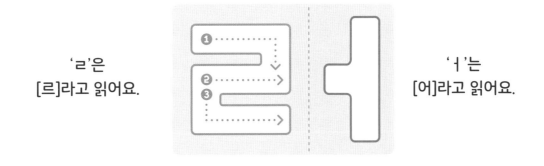   'ㅓ'는
[어]라고 읽어요.

두 개를 합하면   르 + 어
                  ↓
                 르어
                  ↓
              러라고 읽어요.

35

❺ 손가락으로 그림을 짚으면서 이름을 말하고, 맨 앞에서 어떤 소리가 나는지
생각해 보세요.

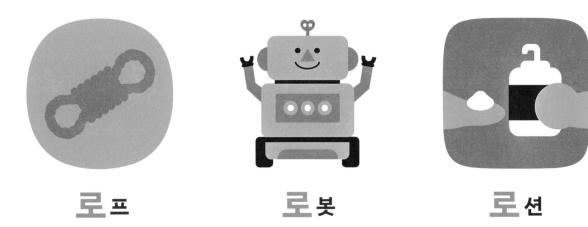

로프   로봇   로션

모두 맨 앞에서 똑같은 소리가 나지요? 무엇이었나요?

네, 맞아요. [로]였어요.

---

❻ 로 자의 모양을
생각하면서
읽고 써 보세요.

'ㄹ'은 [르]라고 읽어요.

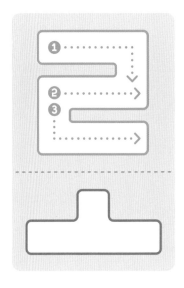

두 개를 합하면

르   르
   + →   → 로
오   오

라고 읽어요.

'ㅗ'는 [오]라고 읽어요.

❼ 손가락으로 그림을 짚으면서 이름을 말하고, 맨 앞에서 어떤 소리가 나는지 생각해 보세요.

루주

루비

루머

모두 맨 앞에서 똑같은 소리가 나지요? 무엇이었나요?

네, 맞아요. [루]였어요.

❽ 루 자의 모양을 생각하면서 읽고 써 보세요.

'ㄹ'은 [르]라고 읽어요.

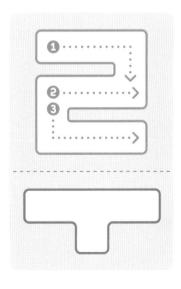

'ㅜ'는 [우]라고 읽어요.

두 개를 합하면

르
우 + → 르
      우 → 루

라고 읽어요.

❶ 라 자로 시작하는 것에 ○, 러 자로 시작하는 것에 △를 하세요.

라면　　　　　　　　　　럭비공　　　　　　　　　　라마

라(계이름), 라일락, 라벤더, 라볶이 등도 라 자로 시작해요.

러닝, 럭비, 런던 등도 러 자로 시작해요.

---

❷ 소리 내어 읽으면서
라 자와 러 자를
써 보세요.

---

❸ 한 글자씩 손가락으로 짚으면서 작은 글자는 작게, 큰 글자는 크게 소리
내어 읽으세요.

라　라　러　려　리

❹ 로 자로 시작하는 것에 □, 루 자로 시작하는 것에 ♡를 하세요.

로켓

루돌프

로터리

로고, 로마, 로비 등도 로 자로 시작해요.

루마니아, 루트, 룸 등도 루 자로 시작해요.

❺ 소리 내어 읽으면서 로 자와 루 자를 써 보세요.

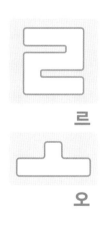
르
오

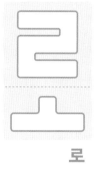
로

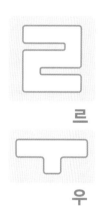
르
우

루

❻ 한 글자씩 손가락으로 짚으면서 작은 글자는 작게, 큰 글자는 크게 소리 내어 읽으세요.

로　료　루　류　르

ㅁ을 배우어요

1. [므]라고 읽어요

첫소리를 배울 때, 'ㅁ'을 [므]라고 하세요.
'미음'이라고 하면 안 됩니다. 원래 자음자
'ㅁ'의 명칭 중 '미'는 첫소리를, '음'은
받침소리를 나타냅니다. 여기에서는
[미]보다 [므]가 모음을 연결하기 쉬워요.

❶ [므]라고 읽어요. [므으]처럼 길게
읽지 말고 [므]라고 조금 짧게 읽으세요.

❷ 글자를 따라 써 보세요.

'ㅁ'에 'ㅏ'를 붙이면
[므] + [아] →
[므아] → [마]
라고 읽어요.

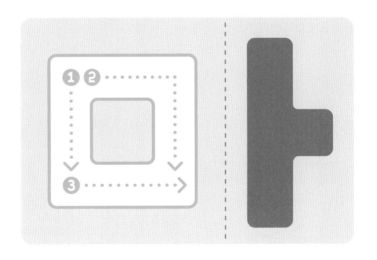

❸ 두 손으로 가위 모양을 만들어 합치면서 말해 보세요.

두 손의
가위 모양을 합치면
[ㅁ]

❹ 로봇의 입 모양을 흉내 내면서 말해 보세요.

로봇의 입 모양을
흉내 내면
[ㅁ]

❶ 손가락으로 그림을 짚으면서 이름을 말하고, 맨 앞에서 어떤 소리가 나는지 생각해 보세요.

마스크　　　　　마부　　　　　마이크

모두 맨 앞에서 똑같은 소리가 나지요? 무엇이었나요?

네, 맞아요. [마]였어요.

❷ 마 자의 모양을 생각하면서 읽고 써 보세요.

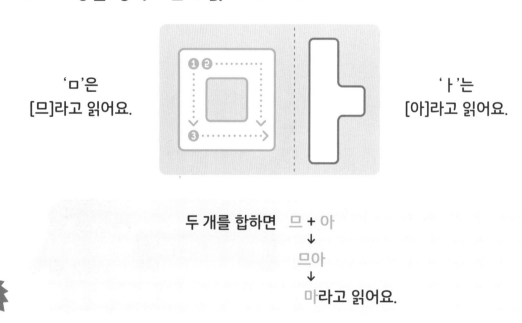

'ㅁ'은
[므]라고 읽어요.

'ㅏ'는
[아]라고 읽어요.

두 개를 합하면　므 + 아
↓
므아
↓
마라고 읽어요.

❸ 손가락으로 그림을 짚으면서 이름을 말하고, 맨 앞에서 어떤 소리가 나는지 생각해 보세요.

머 리띠   머 플러   머 루

모두 맨 앞에서 똑같은 소리가 나지요? 무엇이었나요?

네, 맞아요. [머]였어요.

❹ 머 자의 모양을 생각하면서 읽고 써 보세요.

'ㅁ'은
[므]라고 읽어요.

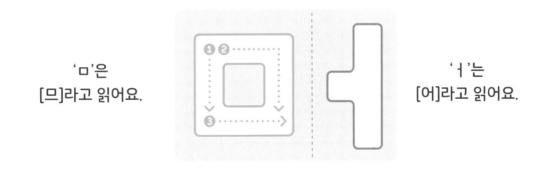

'ㅓ'는
[어]라고 읽어요.

두 개를 합하면 므 + 어
↓
므어
↓
머라고 읽어요.

❺ 손가락으로 그림을 짚으면서 이름을 말하고, 맨 앞에서 어떤 소리가 나는지
생각해 보세요.

모기 모자 모래

모두 맨 앞에서 똑같은 소리가 나지요? 무엇이었나요?

네, 맞아요. [모]였어요.

---

❻ 모 자의 모양을
생각하면서
읽고 써 보세요.

'ㅁ'은 [므]라고 읽어요.

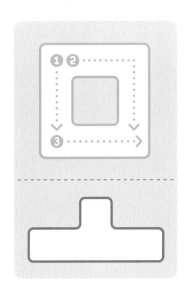

두 개를 합하면

므
+ → 므 → 모
오   오

라고 읽어요.

'ㅗ'는 [오]라고 읽어요.

❼ 손가락으로 그림을 짚으면서 이름을 말하고, 맨 앞에서 어떤 소리가 나는지 생각해 보세요.

무　　　무지개　　　무궁화

모두 맨 앞에서 똑같은 소리가 나지요? 무엇이었나요?

네, 맞아요. [무]였어요.

❽ 무 자의 모양을 생각하면서 읽고 써 보세요.

'ㅁ'은 [므]라고 읽어요.

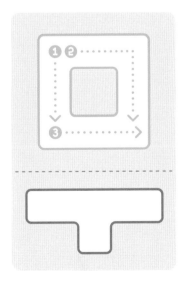

'ㅜ'는 [우]라고 읽어요.

두 개를 합하면

므
＋　→　무　→　무
우

라고 읽어요.

45

3. 더 찾아보고, 써 보세요

① 마 자로 시작하는 것에 ○, 머 자로 시작하는 것에 △를 하세요.

마개

머리핀

머그잔

마구간, 마늘, 마당, 마라톤, 마술 등도 마 자로 시작해요.

머리, 머슴, 머핀 등도 머 자로 시작해요.

② 소리 내어 읽으면서 마 자와 머 자를 써 보세요.

③ 한 글자씩 손가락으로 짚으면서 작은 글자는 작게, 큰 글자는 크게 소리 내어 읽으세요.

  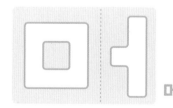

마 먀 머 며 미

❹ 모 자로 시작하는 것에 □, 무 자로 시작하는 것에 ♡를 하세요.

무전기　　　　　　　　모니터　　　　　　　　무당벌레

모기장, 모레, 모서리, 모터, 모형 등도 모 자로 시작해요.

무게, 무늬, 무대, 무술, 무용 등도 무 자로 시작해요.

❺ 소리 내어 읽으면서 모 자와 무 자를 써 보세요.

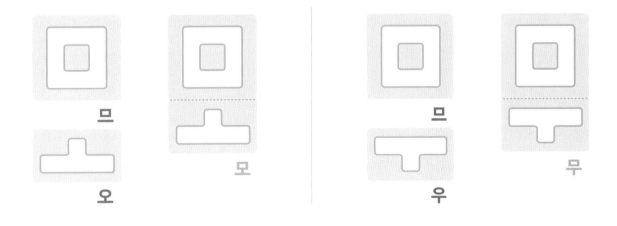

　므　　　　　　　　　　므　　　　　　　　므
　　　　　　　　모　　　　　　　　　　　　　무
　오　　　　　　　　　　우

❻ 한 글자씩 손가락으로 짚으면서 작은 글자는 작게, 큰 글자는 크게 소리
　내어 읽으세요.

 모　　요　　무　　뮤

ㅂ을 배우어요

1. [브]라고 읽어요

첫소리를 배울 때, 'ㅂ'을 [브]라고 하세요. '비읍'이라고 하면 안 됩니다. 원래 자음자 'ㅂ'의 명칭 중 '비'는 첫소리를, '읍'은 받침소리를 나타냅니다. 여기에서는 [비]보다 [브]가 모음을 연결하기 쉬워요.

❶ [브]라고 읽어요. [브으]처럼 길게 읽지 말고 [브]라고 조금 짧게 읽으세요.

❷ 글자를 따라 써 보세요.

'ㅂ'에 'ㅏ'를 붙이면
[브] + [아] →
[브아] → [바]
라고 읽어요.

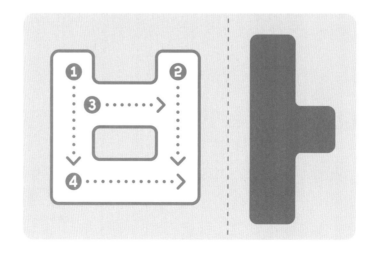

❸ 머리 위에 손가락으로 뿔 모양을 만들면서 말해 보세요.

머리 위에 뿔이 나면
[브]

❹ 버스의 앞모습을 생각하면서 말해 보세요.

버스의 앞모습을 보면
[브]

❶ 손가락으로 그림을 짚으면서 이름을 말하고, 맨 앞에서 어떤 소리가 나는지
생각해 보세요.

바다   바가지   바구니

모두 맨 앞에서 똑같은 소리가 나지요? 무엇이었나요?

네, 맞아요. [바]였어요.

❷ 바 자의 모양을 생각하면서 읽고 써 보세요.

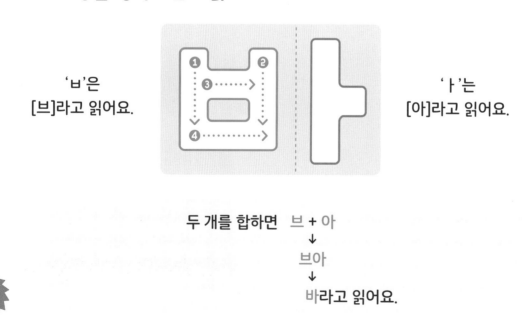

'ㅂ'은
[브]라고 읽어요.

'ㅏ'는
[아]라고 읽어요.

두 개를 합하면   브 + 아
↓
브아
↓
바라고 읽어요.

 ㅂ을 배우어요

❸ 손가락으로 그림을 짚으면서 이름을 말하고, 맨 앞에서 어떤 소리가 나는지 생각해 보세요.

버스   버섯   버터

모두 맨 앞에서 똑같은 소리가 나지요? 무엇이었나요?

네, 맞아요. [버]였어요.

❹ 버 자의 모양을 생각하면서 읽고 써 보세요.

'ㅂ'은   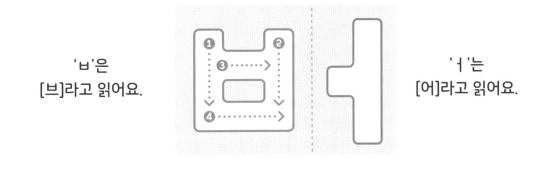   'ㅓ'는
[브]라고 읽어요.   [어]라고 읽어요.

두 개를 합하면   ㅂ + ㅓ
↓
브어
↓
버라고 읽어요.

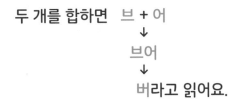

51

❺ 손가락으로 그림을 짚으면서 이름을 말하고, 맨 앞에서 어떤 소리가 나는지 생각해 보세요.

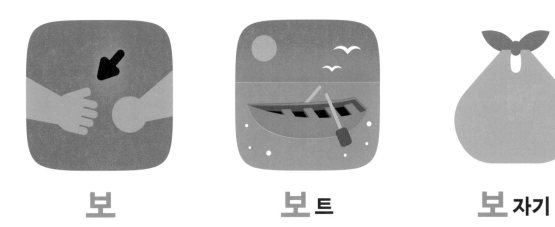

보　　　　보트　　　　보자기

모두 맨 앞에서 똑같은 소리가 나지요? 무엇이었나요?

네, 맞아요. [보]였어요.

---

❻ 보 자의 모양을 생각하면서 읽고 써 보세요.

'ㅂ'은 [브]라고 읽어요.

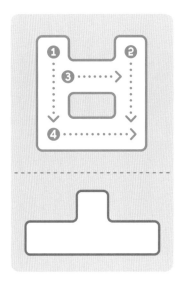

'ㅗ'는 [오]라고 읽어요.

두 개를 합하면

$$\frac{브}{오} + → \frac{브}{오} → 보$$

라고 읽어요.

❼ 손가락으로 그림을 짚으면서 이름을 말하고, 맨 앞에서 어떤 소리가 나는지
생각해 보세요.

부채 　　　　 부엉이 　　　　 부침개

모두 맨 앞에서 똑같은 소리가 나지요? 무엇이었나요?

네, 맞아요. [부]였어요.

❽ 부 자의 모양을
생각하면서
읽고 써 보세요.

'ㅂ'은 [브]라고 읽어요.

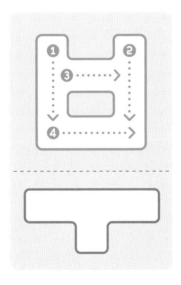

두 개를 합하면

브
+ → 브 → 부
우 　 후

라고 읽어요.

'ㅜ'는 [우]라고 읽어요.

53

❶ 바 자로 시작하는 것에 ○, 버 자로 시작하는 것에 △를 하세요.

바지   버선   바퀴

바늘, 바닥, 바람, 바보, 바위 등도 바 자로 시작해요.

버릇, 버스표, 버선, 버찌, 버튼 등도 버 자로 시작해요.

❷ 소리 내어 읽으면서 바 자와 버 자를 써 보세요.

브   아   바

브   어   버

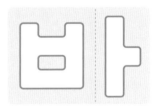

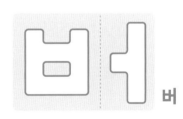

❸ 한 글자씩 손가락으로 짚으면서 작은 글자는 작게, 큰 글자는 크게 소리 내어 읽으세요.

바   뱌   버   벼   비

54

❹ 보 자로 시작하는 것에 □, 부 자로 시작하는 것에 ♡를 하세요.

보물   부두   보초

보리, 보석, 보슬비, 보쌈, 보온병 등도 보 자로 시작해요.

부모, 부부, 부인, 부자, 부추 등도 부 자로 시작해요.

❺ 소리 내어 읽으면서 보 자와 부 자를 써 보세요.

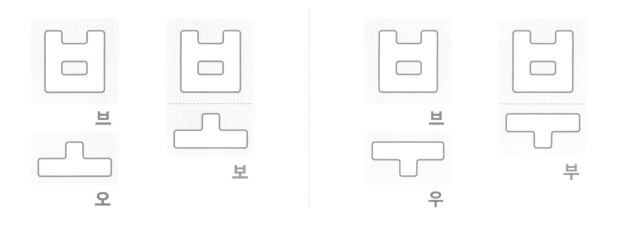

브   브
오   보

브   브
우   부

❻ 한 글자씩 손가락으로 짚으면서 작은 글자는 작게, 큰 글자는 크게 소리
내어 읽으세요.

보   뵤   부   뷰   브

ㅅ을 배우어요

1. [스]라고 읽어요

첫소리를 배울 때, 'ㅅ'을 [스]라고 하세요.
'시옷'이라고 하면 안 됩니다. 원래 자음자
'ㅅ'의 명칭 중 '시'는 첫소리를, '옷'은
받침소리를 나타냅니다. 여기에서는
[시]보다 [스]가 모음을 연결하기 쉬워요.

❶ [스]라고 읽어요. [스으]처럼 길게
읽지 말고 [스]라고 조금 짧게 읽으세요.

❷ 글자를 따라 써 보세요.

'ㅅ'에 'ㅏ'를 붙이면
[스] + [아] →
[스아] → [사]
라고 읽어요.

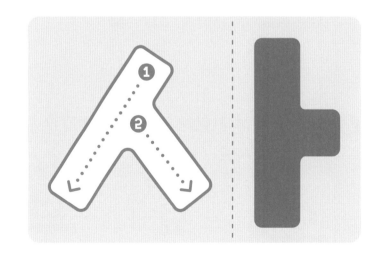

56

❸ 두 손가락으로 산 모양을 만들면서 말해 보세요.

손가락으로 산을 만들면
[스]

❹ 두 손으로 산 모양을 만들면서 말해 보세요.

손으로 산을 만들면
[스]

❶ 손가락으로 그림을 짚으면서 이름을 말하고, 맨 앞에서 어떤 소리가 나는지
생각해 보세요.

사   사자   사다리

모두 맨 앞에서 똑같은 소리가 나지요? 무엇이었나요?

네, 맞아요. [사]였어요.

❷ 사 자의 모양을 생각하면서 읽고 써 보세요.

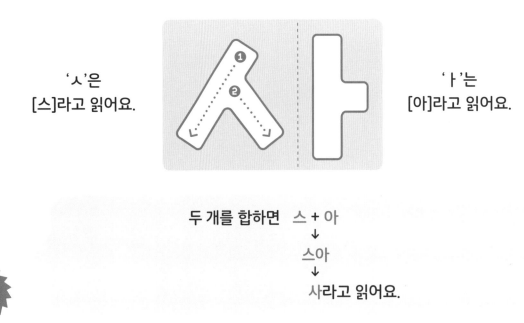

'ㅅ'은
[스]라고 읽어요.

'ㅏ'는
[아]라고 읽어요.

두 개를 합하면 스 + 아
↓
스아
↓
사라고 읽어요.

❸ 손가락으로 그림을 짚으면서 이름을 말하고, 맨 앞에서 어떤 소리가 나는지
생각해 보세요.

서　　　　　서당　　　　　서커스

모두 맨 앞에서 똑같은 소리가 나지요? 무엇이었나요?

네, 맞아요. [서]였어요.

❹ 서 자의 모양을 생각하면서 읽고 써 보세요.

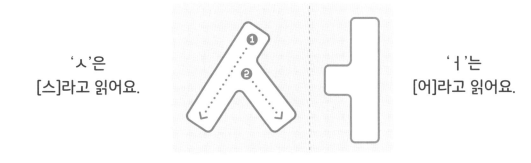

'ㅅ'은
[스]라고 읽어요.

'ㅓ'는
[어]라고 읽어요.

두 개를 합하면　ㅅ + ㅓ
↓
스어
↓
서라고 읽어요.

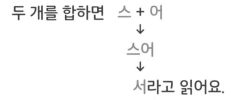

❺ 손가락으로 그림을 짚으면서 이름을 말하고, 맨 앞에서 어떤 소리가 나는지
생각해 보세요.

소   소라   소시지

모두 맨 앞에서 똑같은 소리가 나지요? 무엇이었나요?

네, 맞아요. [소]였어요.

---

6 소 자의 모양을
생각하면서
읽고 써 보세요.

'ㅅ'은 [스]라고 읽어요.

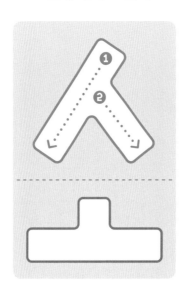

'ㅗ'는 [오]라고 읽어요.

두 개를 합하면

스
+ → 스 → 소
오   오

라고 읽어요.

❼ 손가락으로 그림을 짚으면서 이름을 말하고, 맨 앞에서 어떤 소리가 나는지 생각해 보세요.

수박

수도

수영

모두 맨 앞에서 똑같은 소리가 나지요? 무엇이었나요?

네, 맞아요. [수]였어요.

❽ **수** 자의 모양을 생각하면서 읽고 써 보세요.

'ㅅ'은 [스]라고 읽어요.

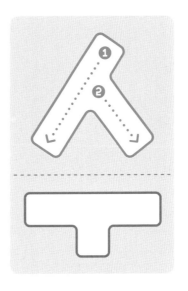

'ㅜ'는 [우]라고 읽어요.

두 개를 합하면

스
+ → 스 → 수
우   우

라고 읽어요.

❶ 사 자로 시작하는 것에 ○, 서 자로 시작하는 것에 △를 하세요.

사마귀

서울

사이다

사과, 사랑, 사막, 사슴, 사탕 등도 사 자로 시작해요.

서고, 서로서로, 서예, 서울역 등도 서 자로 시작해요.

❷ 소리 내어 읽으면서
사 자와 서 자를
써 보세요.

 스 아

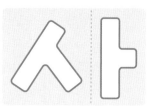 사

 스 어

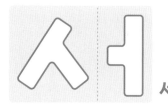 서

❸ 한 글자씩 손가락으로 짚으면서 작은 글자는 작게, 큰 글자는 크게 소리
내어 읽으세요.

사 샤 서 셔 시

4 소 자로 시작하는 것에 □, 수 자로 시작하는 것에 ♡를 하세요.

소나무	소파	수건

소고기, 소금, 소나기, 소리, 소방차 등도 소 자로 시작해요.

수달, 수레, 수영장, 수제비, 수족관 등도 수 자로 시작해요.

5 소리 내어 읽으면서 소 자와 수 자를 써 보세요.

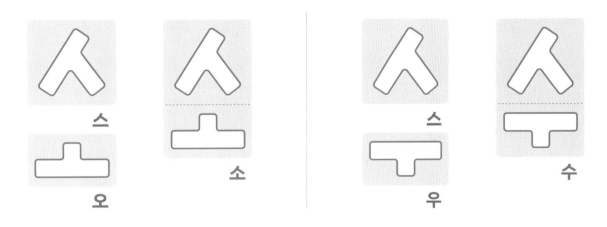

6 한 글자씩 손가락으로 짚으면서 작은 글자는 작게, 큰 글자는 크게 소리
내어 읽으세요.

 소　쇼　수　슈　스

ㅈ을 배우요

1. [즈]라고 읽어요

첫소리를 배울 때, 'ㅈ'을 [즈]라고 하세요. '지읒'이라고 하면 안 됩니다. 원래 자음자 'ㅈ'의 명칭 중 '지'는 첫소리를, '읒'은 받침소리를 나타냅니다. 여기에서는 [지]보다 [즈]가 모음을 연결하기 쉬워요.

❶ [즈]라고 읽어요. [즈으]처럼 길게 읽지 말고 [즈]라고 조금 짧게 읽으세요.

❷ 글자를 따라 써 보세요.

'ㅈ'에 'ㅏ'를 붙이면
[즈] + [아] →
[즈아] → [자]
라고 읽어요.

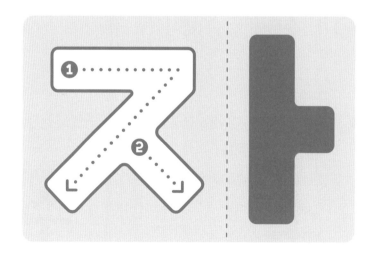

❸ 연필을 가로로 놓고, 두 손가락을 연필과 연결하면서 말해 보세요.

연필과
손가락을 연결하면
[즈]

❹ 길고 짧은 자로 글자를 만들면서 말해 보세요.

길고 짧은 자로
글자를 만들면
[즈]

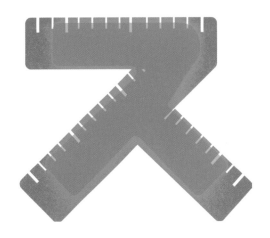

❶ 손가락으로 그림을 짚으면서 이름을 말하고, 맨 앞에서 어떤 소리가 나는지 생각해 보세요.

자　　　　자루　　　　자두

모두 맨 앞에서 똑같은 소리가 나지요? 무엇이었나요?

네, 맞아요. [자]였어요.

❷ 자 자의 모양을 생각하면서 읽고 써 보세요.

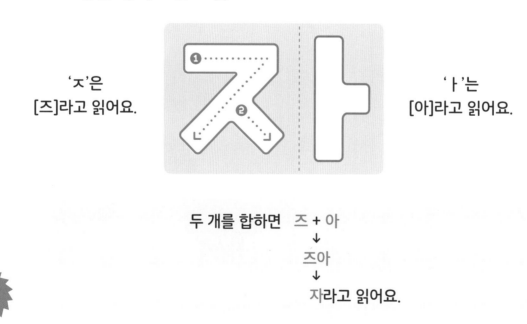

'ㅈ'은
[즈]라고 읽어요.

'ㅏ'는
[아]라고 읽어요.

두 개를 합하면　ㅈ + ㅏ
↓
즈아
↓
자라고 읽어요.

❸ 손가락으로 그림을 짚으면서 이름을 말하고, 맨 앞에서 어떤 소리가 나는지 생각해 보세요.

저 고리　　　**저** 수지　　　**저** 울

모두 맨 앞에서 똑같은 소리가 나지요? 무엇이었나요?

네, 맞아요. [저]였어요.

❹ 저 자의 모양을 생각하면서 읽고 써 보세요.

'ㅈ'은 [즈]라고 읽어요.

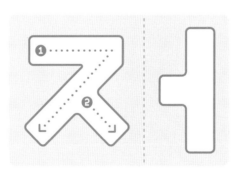

'ㅓ'는 [어]라고 읽어요.

두 개를 합하면　즈 + 어
↓
즈어
↓
저라고 읽어요.

❺ 손가락으로 그림을 짚으면서 이름을 말하고, 맨 앞에서 어떤 소리가 나는지
생각해 보세요.

조개　　　　　**조**끼　　　　　**조**랑말

모두 맨 앞에서 똑같은 소리가 나지요? 무엇이었나요?

네, 맞아요. [조]였어요.

---

❻ **조** 자의 모양을
생각하면서
읽고 써 보세요.

'ㅈ'은 [즈]라고 읽어요.

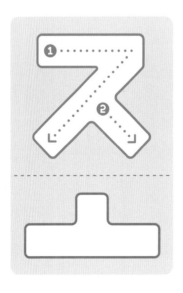

두 개를 합하면

즈
+ → 즈 → 조
오　　오

라고 읽어요.

'ㅗ'는 [오]라고 읽어요.

❼ 손가락으로 그림을 짚으면서 이름을 말하고, 맨 앞에서 어떤 소리가 나는지
생각해 보세요.

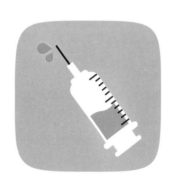

주스   주사기   주유소

모두 맨 앞에서 똑같은 소리가 나지요? 무엇이었나요?

네, 맞아요. [주]였어요.

❽ 주 자의 모양을
생각하면서
읽고 써 보세요.

'ㅈ'은 [즈]라고 읽어요.

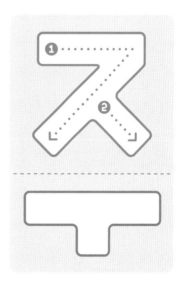

'ㅜ'는 [우]라고 읽어요.

두 개를 합하면

즈
+ → 즈 → 주
우   우

라고 읽어요.

69

❶ 자 자로 시작하는 것에 〇, 저 자로 시작하는 것에 △를 하세요.

자전거

저금통

자석

자갈, 자동차, 자리, 자매, 자연 등도 자 자로 시작해요.

저금, 저기, 저녁, 저장, 저축 등도 저 자로 시작해요.

---

❷ 소리 내어 읽으면서 자 자와 저 자를 써 보세요.

즈 아

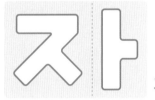
자

즈 어

저

---

❸ 한 글자씩 손가락으로 짚으면서 작은 글자는 작게, 큰 글자는 크게 소리 내어 읽으세요.

자 쟈 저 져 지

④ 조 자로 시작하는 것에 □, **주** 자로 시작하는 것에 ♡를 하세요.

조종사

조미료

주사위

조각, 조리, 조명, 조심 등도 **조** 자로 시작해요.

주근깨, 주름, 주먹, 주사, 주전자 등도 **주** 자로 시작해요.

⑤ 소리 내어 읽으면서 **조** 자와 **주** 자를 써 보세요.

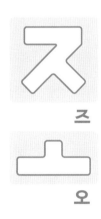

즈
오

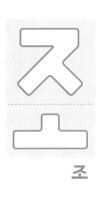

즈

조

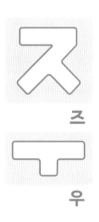

즈
우

즈

주

⑥ 한 글자씩 손가락으로 짚으면서 작은 글자는 작게, 큰 글자는 크게 소리 내어 읽으세요.

조 죠 주 쥬 즈

ㅊ을 배우요

1. [츠]라고 읽어요

첫소리를 배울 때, 'ㅊ'을 [츠]라고 하세요.
'치읓'이라고 하면 안 됩니다. 원래 자음자
'ㅊ'의 명칭 중 '치'는 첫소리를, '읓'은
받침소리를 나타냅니다. 여기에서는
[치]보다 [츠]가 모음을 연결하기 쉬워요.

❶ [츠]라고 읽어요. [츠으]처럼 길게
읽지 말고 [츠]라고 조금 짧게 읽으세요.

❷ 글자를 따라 써 보세요.

'ㅊ'에 'ㅏ'를 붙이면
[츠] + [아] →
[츠아] → [차]
라고 읽어요.

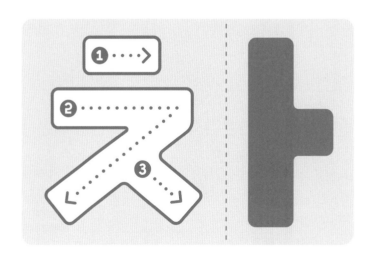

❸ 선풍기 날개를 보면서 말해 보세요.

> 선풍기 날개를 보면
> [츠]

❹ 팔과 다리를 벌리면서 말해 보세요.

> 팔과 다리를 모두 벌리면
> [츠]

❶ 손가락으로 그림을 짚으면서 이름을 말하고, 맨 앞에서 어떤 소리가 나는지
생각해 보세요.

차　　　　차려　　　　차표

모두 맨 앞에서 똑같은 소리가 나지요? 무엇이었나요?

네, 맞아요. [차]였어요.

❷ 차 자의 모양을 생각하면서 읽고 써 보세요.

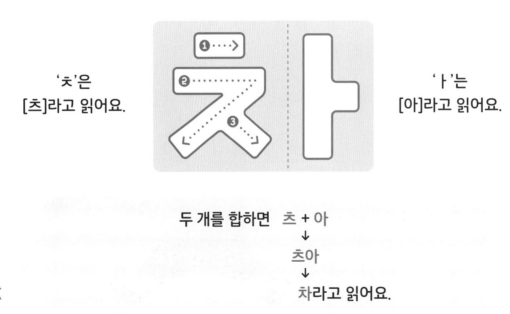

'ㅊ'은
[츠]라고 읽어요.

'ㅏ'는
[아]라고 읽어요.

두 개를 합하면　츠 + 아
↓
츠아
↓
차라고 읽어요.

74

을 배우어요

❸ 손가락으로 그림을 짚으면서 이름을 말하고, 맨 앞에서 어떤 소리가 나는지 생각해 보세요.

치마   치즈   치타

모두 맨 앞에서 똑같은 소리가 나지요? 무엇이었나요?

네, 맞아요. [치]였어요.

❹ 치 자의 모양을 생각하면서 읽고 써 보세요.

'ㅊ'은
[츠]라고 읽어요.

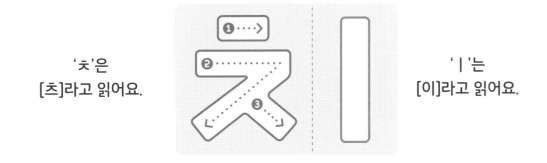

'ㅣ'는
[이]라고 읽어요.

두 개를 합하면 츠 + 이
↓
츠이
↓
치라고 읽어요.

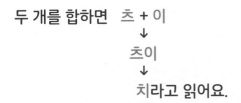

5 손가락으로 그림을 짚으면서 이름을 말하고, 맨 앞에서 어떤 소리가 나는지 생각해 보세요.

초

초가집

초승달

모두 맨 앞에서 똑같은 소리가 나지요? 무엇이었나요?

네, 맞아요. [초]였어요.

---

6 초 자의 모양을 생각하면서 읽고 써 보세요.

'ㅊ'은 [츠]라고 읽어요.

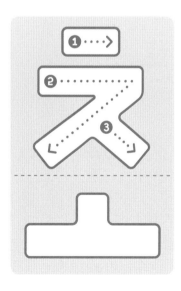

'ㅗ'는 [오]라고 읽어요.

두 개를 합하면

츠
+ → 츠
오   오 → 초

라고 읽어요.

7 손가락으로 그림을 짚으면서 이름을 말하고, 맨 앞에서 어떤 소리가 나는지 생각해 보세요.

추

추수

추석

모두 맨 앞에서 똑같은 소리가 나지요? 무엇이었나요?

네, 맞아요. [추]였어요.

8 추 자의 모양을 생각하면서 읽고 써 보세요.

'ㅊ'은 [츠]라고 읽어요.

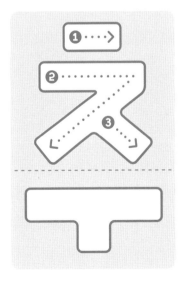

'ㅜ'는 [우]라고 읽어요.

두 개를 합하면

츠 + 우 → 츠우 → 추

라고 읽어요.

1 차 자로 시작하는 것에 ○, 치 자로 시작하는 것에 △를 하세요.

치과

치약

차고

차도, 차례, 차림, 차이, 차창 등도 차 자로 시작해요.

치료, 치수, 치자, 치질 등도 치 자로 시작해요.

2 소리 내어 읽으면서 차 자와 치 자를 써 보세요.

츠 아

차

츠 이

치

3 한 글자씩 손가락으로 짚으면서 작은 글자는 작게, 큰 글자는 크게 소리 내어 읽으세요.

차 챠 처 쳐 치

4 초 자로 시작하는 것에 □, 추 자로 시작하는 것에 ♡를 하세요.

초콜릿

추첨

초소

초대, 초등학교, 초록색, 초밥, 초파리 등도 초 자로 시작해요.

추녀, 추락, 추방, 추억, 추천 등도 추 자로 시작해요.

5 소리 내어 읽으면서 초 자와 추 자를 써 보세요.

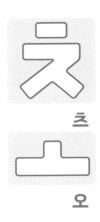

츠
오

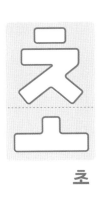

초

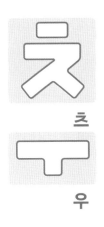

츠
우

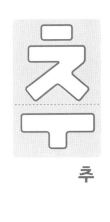

추

6 한 글자씩 손가락으로 짚으면서 작은 글자는 작게, 큰 글자는 크게 소리 내어 읽으세요.

초 쵸 추 츄 츠

79

ㅋ을 배우어요

1. [크]라고 읽어요

첫소리를 배울 때, 'ㅋ'을 [크]라고 하세요. '키읔'이라고 하면 안 됩니다. 원래 자음자 'ㅋ'의 명칭 중 '키'는 첫소리를, '읔'은 받침소리를 나타냅니다. 여기에서는 [키]보다 [크]가 모음을 연결하기 쉬워요.

❶ [크]라고 읽어요. [크으]처럼 길게 읽지 말고 [크]라고 조금 짧게 읽으세요.

❷ 글자를 따라 써 보세요.

'ㅋ'에 'ㅏ'를 붙이면
[크] + [아] →
[크아] → [카]
라고 읽어요.

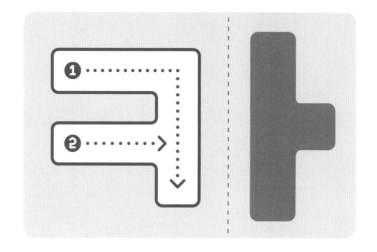

❸ 오른팔을 굽힌 다음, 왼손을 붙이면서 말해 보세요.

팔에 손을 붙이면
[ㅋ]

❹ 캥거루가 윗몸을 앞으로 구부린 모습을 생각하면서 말해 보세요.

캥거루가 윗몸을
앞으로 구부리면
[ㅋ]

❶ 손가락으로 그림을 짚으면서 이름을 말하고, 맨 앞에서 어떤 소리가 나는지 생각해 보세요.

카드   카레   카누

모두 맨 앞에서 똑같은 소리가 나지요? 무엇이었나요?

네, 맞아요. [카]였어요.

❷ 카 자의 모양을 생각하면서 읽고 써 보세요.

'ㅋ'은
[크]라고 읽어요.

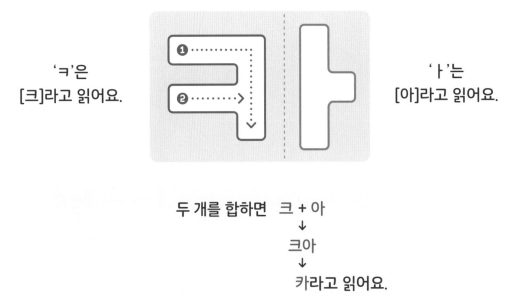

'ㅏ'는
[아]라고 읽어요.

두 개를 합하면   크 + 아
↓
크아
↓
카라고 읽어요.

❸ 손가락으로 그림을 짚으면서 이름을 말하고, 맨 앞에서 어떤 소리가 나는지 생각해 보세요.

커피   커트   커튼

모두 맨 앞에서 똑같은 소리가 나지요? 무엇이었나요?

네, 맞아요. [커]였어요.

❹ 커 자의 모양을 생각하면서 읽고 써 보세요.

'ㅋ'은
[크]라고 읽어요.

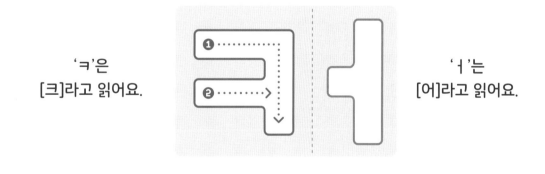

'ㅓ'는
[어]라고 읽어요.

두 개를 합하면   ㅋ + ㅓ
↓
크어
↓
커라고 읽어요.

❺ 손가락으로 그림을 짚으면서 이름을 말하고, 맨 앞에서 어떤 소리가 나는지
생각해 보세요.

코   **코**스모스   **코**코아

모두 맨 앞에서 똑같은 소리가 나지요? 무엇이었나요?

네, 맞아요. [코]였어요.

---

❻ 코 자의 모양을
생각하면서
읽고 써 보세요.

'ㅋ'은 [크]라고 읽어요.

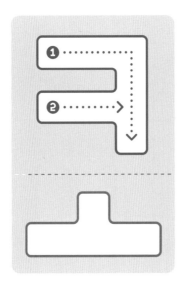

'ㅗ'는 [오]라고 읽어요.

두 개를 합하면

$\frac{ㅋ}{ㅗ}$ → $\frac{ㅋ}{ㅗ}$ → 코

라고 읽어요.

7 손가락으로 그림을 짚으면서 이름을 말하고, 맨 앞에서 어떤 소리가 나는지 생각해 보세요.

쿠 키   쿠 션   쿠 폰

모두 맨 앞에서 똑같은 소리가 나지요? 무엇이었나요?

네, 맞아요. [쿠]였어요.

8 쿠 자의 모양을 생각하면서 읽고 써 보세요.

'ㅋ'은 [크]라고 읽어요.

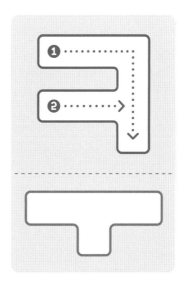

'ㅜ'는 [우]라고 읽어요.

두 개를 합하면

크
+ → 크 → 쿠
우 우

라고 읽어요.

① 카 자로 시작하는 것에 ○, 커 자로 시작하는 것에 △를 하세요.

카메라

카네이션

커브

카나리아, 카레라이스, 카우보이, 카페 등도 카 자로 시작해요.

커플, 커서 등도 커 자로 시작해요.

---

② 소리 내어 읽으면서 카 자와 커 자를 써 보세요.

 크   아

 카

 크   어

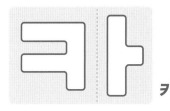 커

---

③ 한 글자씩 손가락으로 짚으면서 작은 글자는 작게, 큰 글자는 크게 소리 내어 읽으세요.

카   **캬**   **커**   **켜**   **키**

④ 코 자로 시작하는 것에 □, 크 자로 시작하는 것에 ♡를 하세요.

코피   크리스마스   코알라

코너, 코리아, 코브라, 코뿔소, 코치 등도 코 자로 시작해요.

크기, 크래커, 크낙새, 크레용, 크레파스 등도 크 자로 시작해요.

⑤ 소리 내어 읽으면서 코 자와 크 자를 써 보세요.

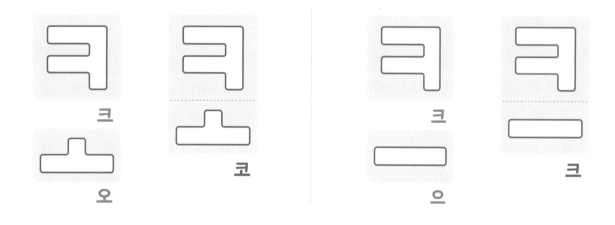

ㅋ

오

코

ㅋ

으

크

⑥ 한 글자씩 손가락으로 짚으면서 작은 글자는 작게, 큰 글자는 크게 소리
내어 읽으세요.

코   쿄   쿠   큐   크

ㅌ을 배우어요

1. [트]라고 읽어요

첫소리를 배울 때, 'ㅌ'을 [트]라고 하세요. '티읕'이라고 하면 안 됩니다. 원래 자음자 'ㅌ'의 명칭 중 '티'는 첫소리를, '읕'은 받침소리를 나타냅니다. 여기에서는 [티]보다 [트]가 모음을 연결하기 쉬워요.

❶ [트]라고 읽어요. [트으]처럼 길게 읽지 말고 [트]라고 조금 짧게 읽으세요.

❷ 글자를 따라 써 보세요.

'ㅌ'에 'ㅏ'를 붙이면
[트] + [아] →
[트아] → [타]
라고 읽어요.

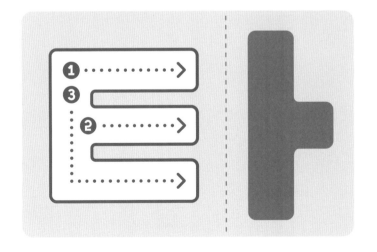

❸ 손으로 악어 입 모양을, 손가락으로 먹이 모양을 만들면서 말해 보세요.

손으로 악어 입을 만들고,
손가락으로
악어 먹이를 만들면
[트]

❹ 악어 입에 먹이를 넣는 모습을 생각하면서 말해 보세요.

악어 입에
먹이를 넣어 주면
[트]

❶ 손가락으로 그림을 짚으면서 이름을 말하고, 맨 앞에서 어떤 소리가 나는지 생각해 보세요.

타조   **타**이어   **타**일

모두 맨 앞에서 똑같은 소리가 나지요? 무엇이었나요?

네, 맞아요. [타]였어요.

---

❷ 타 자의 모양을 생각하면서 읽고 써 보세요.

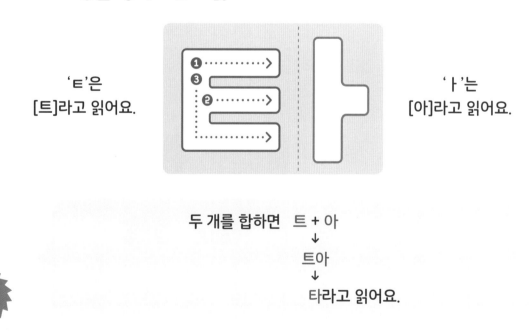

'ㅌ'은
[트]라고 읽어요.

'ㅏ'는
[아]라고 읽어요.

두 개를 합하면   ㅌ + 아
↓
트아
↓
타라고 읽어요.

❸ 손가락으로 그림을 짚으면서 이름을 말하고, 맨 앞에서 어떤 소리가 나는지 생각해 보세요.

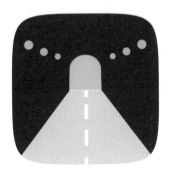
터 널

터 미널

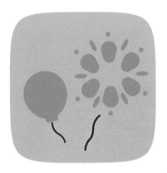
터 지다

모두 맨 앞에서 똑같은 소리가 나지요? 무엇이었나요?

네, 맞아요. [터]였어요.

❹ 터 자의 모양을 생각하면서 읽고 써 보세요.

‘ㅌ’은
[트]라고 읽어요.

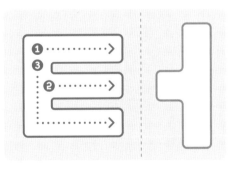

‘ㅓ’는
[어]라고 읽어요.

두 개를 합하면   ㅌ + ㅓ
↓
트어
↓
터라고 읽어요.

❺ 손가락으로 그림을 짚으면서 이름을 말하고, 맨 앞에서 어떤 소리가 나는지 생각해 보세요.

토끼

토마토

토스트

모두 맨 앞에서 똑같은 소리가 나지요? 무엇이었나요?

네, 맞아요. [토]였어요.

❻ 토 자의 모양을 생각하면서 읽고 써 보세요.

'ㅌ'은 [트]라고 읽어요.

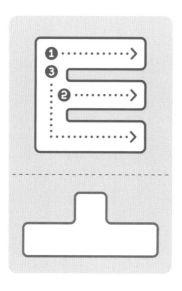

'ㅗ'는 [오]라고 읽어요.

두 개를 합하면

트
+ → 트 → 토
오   오

라고 읽어요.

❼ 손가락으로 그림을 짚으면서 이름을 말하고, 맨 앞에서 어떤 소리가 나는지 생각해 보세요.

투구   투수   투표

모두 맨 앞에서 똑같은 소리가 나지요? 무엇이었나요?

네, 맞아요. [투]였어요.

❽ 투 자의 모양을 생각하면서 읽고 써 보세요.

'ㅌ'은 [트]라고 읽어요.

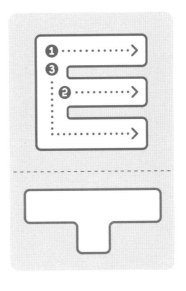

'ㅜ'는 [우]라고 읽어요.

두 개를 합하면

ㅌ
+ → 트 → 투
ㅜ   우

라고 읽어요.

❶ 타 자로 시작하는 것에 ○, 터 자로 시작하는 것에 △를 하세요.

타잔

타자기

터덜터덜

타다, 타령, 타악기, 타이프, 타임머신 등도 타 자로 시작해요.

터(집터), 터럭, 터울, 터뜨리다 등도 터 자로 시작해요.

❷ 소리 내어 읽으면서 타 자와 터 자를 써 보세요.

트 아

타

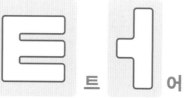
트 어

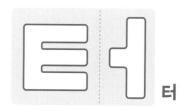
터

❸ 한 글자씩 손가락으로 짚으면서 작은 글자는 작게, 큰 글자는 크게 소리 내어 읽으세요.

타 탸 터 텨 티

94

④ 토 자로 시작하는 것에 □, 투 자로 시작하는 것에 ♡를 하세요.

토스터

투호

투우사

토기, 토성, 토실토실, 토요일, 토핑 등도 토 자로 시작해요.

투명, 투옥, 투표소 등도 투 자로 시작해요.

⑤ 소리 내어 읽으면서 토 자와 투 자를 써 보세요.

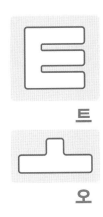
트
오

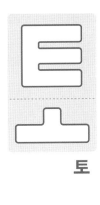
토

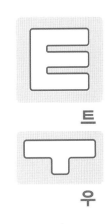
트
우

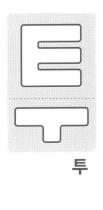
투

⑥ 한 글자씩 손가락으로 짚으면서 작은 글자는 작게, 큰 글자는 크게 소리 내어 읽으세요.

토 툐 투 튜 트

95

ㅍ을 배우어요

1. [프]라고 읽어요

첫소리를 배울 때, 'ㅍ'을 [프]라고 하세요. '피읖'이라고 하면 안 됩니다. 원래 자음자 'ㅍ'의 명칭 중 '피'는 첫소리를, '읖'은 받침소리를 나타냅니다. 여기에서는 [피]보다 [프]가 모음을 연결하기 쉬워요.

❶ [프]라고 읽어요. [프으]처럼 길게 읽지 말고 [프]라고 조금 짧게 읽으세요.

❷ 글자를 따라 써 보세요.

'ㅍ'에 'ㅏ'를 붙이면
[프] + [아] →
[프아] → [파]
라고 읽어요.

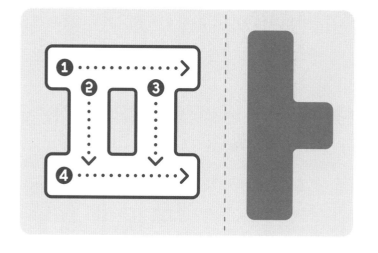

❸ 연필과 지우개로 'ㅍ' 모양을 만들면서 말해 보세요.

긴 연필 두 개,
지우개 두 개로 만들면
[프]

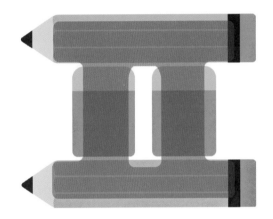

❹ 피자 위의 'ㅍ' 모양 토핑을 생각하면서 말해 보세요.

피자 위에
소시지를 놓으면
[프]

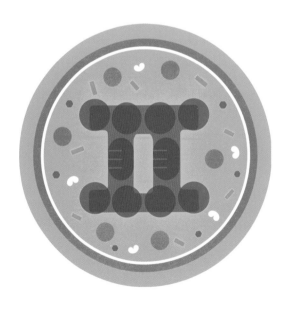

❶ 손가락으로 그림을 짚으면서 이름을 말하고, 맨 앞에서 어떤 소리가 나는지 생각해 보세요.

파   파도   파리

모두 맨 앞에서 똑같은 소리가 나지요? 무엇이었나요?

네, 맞아요. [파]였어요.

❷ 파 자의 모양을 생각하면서 읽고 써 보세요.

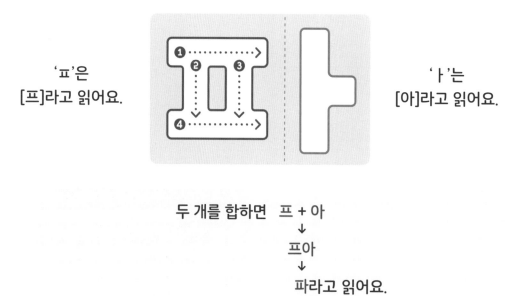

'ㅍ'은
[프]라고 읽어요.

'ㅏ'는
[아]라고 읽어요.

두 개를 합하면 프 + 아
↓
프아
↓
파라고 읽어요.

❸ 손가락으로 그림을 짚으면서 이름을 말하고, 맨 앞에서 어떤 소리가 나는지
생각해 보세요.

피　　　피자　　　피아노

모두 맨 앞에서 똑같은 소리가 나지요? 무엇이었나요?

네, 맞아요. [피]였어요.

❹ 피 자의 모양을 생각하면서 읽고 써 보세요.

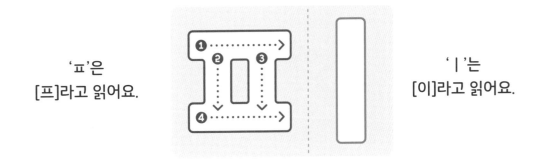

'ㅍ'은
[프]라고 읽어요.

'ㅣ'는
[이]라고 읽어요.

두 개를 합하면　ㅍ + ㅣ
↓
프이
↓
피라고 읽어요.

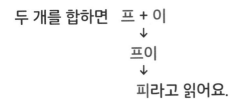

❺ 손가락으로 그림을 짚으면서 이름을 말하고, 맨 앞에서 어떤 소리가 나는지
생각해 보세요.

포도   포크   포수

모두 맨 앞에서 똑같은 소리가 나지요? 무엇이었나요?

네, 맞아요. [포]였어요.

---

❻ 포 자의 모양을
생각하면서
읽고 써 보세요.

'ㅍ'은 [프]라고 읽어요.

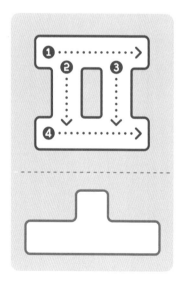

'ㅗ'는 [오]라고 읽어요.

두 개를 합하면

$\frac{프}{오}$ → $\frac{프}{오}$ → 포

라고 읽어요.

100

❼ 손가락으로 그림을 짚으면서 이름을 말하고, 맨 앞에서 어떤 소리가 나는지
생각해 보세요.

프 린터   **프** 로펠러   **프** 라이팬

모두 맨 앞에서 똑같은 소리가 나지요? 무엇이었나요?

네, 맞아요. [프]였어요.

---

❽ **ㅍ 자의 모양을**
생각하면서
읽고 써 보세요.

'ㅍ'은 [프]라고 읽어요.

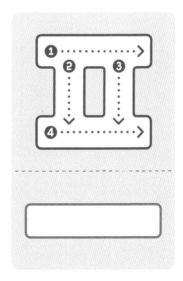

'ㅡ'는 [으]라고 읽어요.

두 개를 합하면

ㅍ
+ → 프 → ㅍ
으   으

라고 읽어요.

❶ 파 자로 시작하는 것에 ○, 피 자로 시작하는 것에 △를 하세요.

파스

피리

피라미드

파김치, 파랑새, 파이, 파인애플, 파출소 등도 파 자로 시작해요.

피구, 피노키오, 피부, 피서, 피클 등도 피 자로 시작해요.

---

❷ 소리 내어 읽으면서 파 자와 피 자를 써 보세요.

프 아   파

 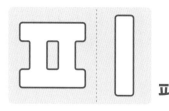
프 이   피

---

❸ 한 글자씩 손가락으로 짚으면서 작은 글자는 작게, 큰 글자는 크게 소리 내어 읽으세요.

파 퍄 퍼 펴 피

102

④ 포 자로 시작하는 것에 □, 프 자로 시작하는 것에 ♡를 하세요.

포스터

포탄

프랑스

포동포동, 포로, 포수, 포옹, 포장지 등도 포 자로 시작해요.

프라이, 프로 야구 등도 프 자로 시작해요.

---

⑤ 소리 내어 읽으면서 포 자와 프 자를 써 보세요.

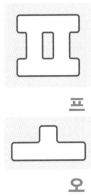

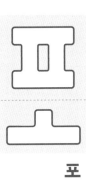

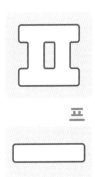

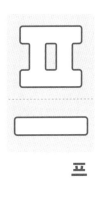

---

⑥ 한 글자씩 손가락으로 짚으면서 작은 글자는 작게, 큰 글자는 크게 소리 내어 읽으세요.

포　표　푸　퓨　프

103

ㅎ을 배우어요

1. [흐]라고 읽어요

첫소리를 배울 때, 'ㅎ'을 [흐]라고 하세요. '히읗'이라고 하면 안 됩니다. 원래 자음자 'ㅎ'의 명칭 중 '히'는 첫소리를, '읗'은 받침소리를 나타냅니다. 여기에서는 [히]보다 [흐]가 모음을 연결하기 쉬워요.

❶ [흐]라고 읽어요. [흐으]처럼 길게 읽지 말고 [흐]라고 조금 짧게 읽으세요.

❷ 글자를 따라 써 보세요.

'ㅎ'에 'ㅏ'를 붙이면
[흐] + [아] →
[흐아] → [하]
라고 읽어요.

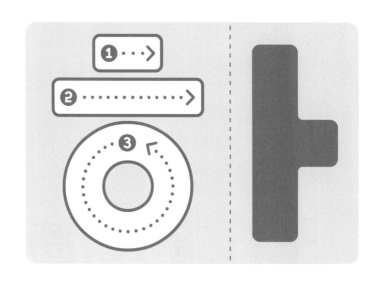

③ 밥그릇 위에 냄비 뚜껑을 덮으면서 말해 보세요.

밥그릇 위에
냄비 뚜껑을 덮으면
[흐]

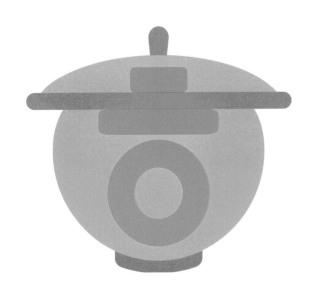

④ 머리에 갓을 쓴 사람을 생각하면서 말해 보세요.

머리에 갓을 쓰면
[흐]

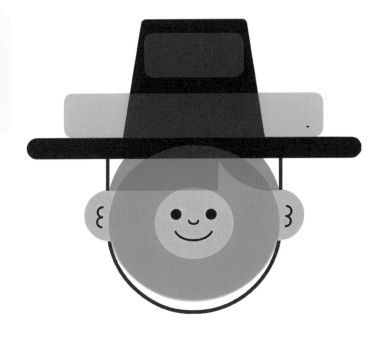

❶ 손가락으로 그림을 짚으면서 이름을 말하고, 맨 앞에서 어떤 소리가 나는지 생각해 보세요.

하마   **하**모니카   **하**트

모두 맨 앞에서 똑같은 소리가 나지요? 무엇이었나요?

네, 맞아요. [하]였어요.

❷ 하 자의 모양을 생각하면서 읽고 써 보세요.

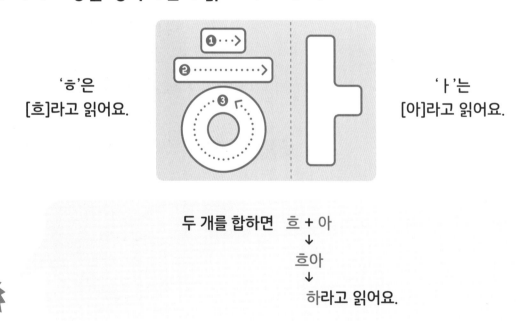

'ㅎ'은
[흐]라고 읽어요.

'ㅏ'는
[아]라고 읽어요.

두 개를 합하면   흐 + 아
↓
흐아
↓
하라고 읽어요.

❸ 손가락으로 그림을 짚으면서 이름을 말하고, 맨 앞에서 어떤 소리가 나는지 생각해 보세요.

허리　　　허수아비　　　허파

모두 맨 앞에서 똑같은 소리가 나지요? 무엇이었나요?

네, 맞아요. [허]였어요.

❹ 허 자의 모양을 생각하면서 읽고 써 보세요.

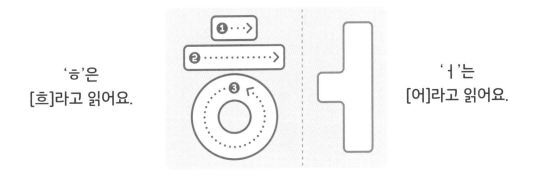

'ㅎ'은
[흐]라고 읽어요.

'ㅓ'는
[어]라고 읽어요.

두 개를 합하면　흐 + 어
↓
흐어
↓
허라고 읽어요.

❺ 손가락으로 그림을 짚으면서 이름을 말하고, 맨 앞에서 어떤 소리가 나는지
생각해 보세요.

호두　　　　　　　호스　　　　　　　호박

모두 맨 앞에서 똑같은 소리가 나지요? 무엇이었나요?

네, 맞아요. [호]였어요.

---

❻ 호 자의 모양을
생각하면서
읽고 써 보세요.

'ㅎ'은 [흐]라고 읽어요.

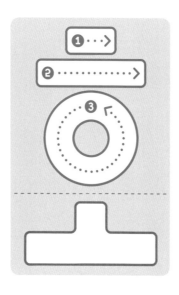

'ㅗ'는 [오]라고 읽어요.

두 개를 합하면

$$\frac{흐}{오} + \rightarrow \frac{흐}{오} \rightarrow 호$$

라고 읽어요.

108

❼ 손가락으로 그림을 짚으면서 이름을 말하고, 맨 앞에서 어떤 소리가 나는지
생각해 보세요.

후   후추   후프

모두 맨 앞에서 똑같은 소리가 나지요? 무엇이었나요?

네, 맞아요. [후]였어요.

❽ 후 자의 모양을
생각하면서
읽고 써 보세요.

'ㅎ'은 [흐]라고 읽어요.

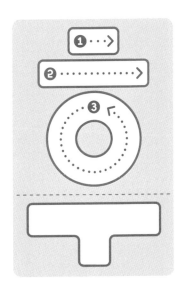

'ㅜ'는 [우]라고 읽어요.

두 개를 합하면

흐
＋ → 흐 → 후
우   우

라고 읽어요.

❶ 하 자로 시작하는 것에 ○, 허 자로 시작하는 것에 △를 하세요.

하늘

허리띠

하루살이

하늬바람, 하류, 하수도, 하와이, 하인 등도 하 자로 시작해요.

허가, 허깨비, 허둥지둥, 허들, 허물 등도 허 자로 시작해요.

❷ 소리 내어 읽으면서 하 자와 허 자를 써 보세요.

 흐 아

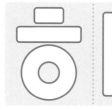 하

 흐 어

 허

❸ 한 글자씩 손가락으로 짚으면서 작은 글자는 작게, 큰 글자는 크게 소리 내어 읽으세요.

하 햐 허 혀 히

4 호 자로 시작하는 것에 □, 후 자로 시작하는 것에 ♡를 하세요.

호랑이

호루라기

후들후들

호랑나비, 호미, 호수, 호주머니, 호텔 등도 호 자로 시작해요.

후문, 후보자, 후춧가루, 후퇴, 후회 등도 후 자로 시작해요.

5 소리 내어 읽으면서 호 자와 후 자를 써 보세요.

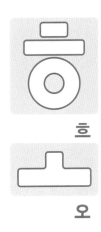

흐
오

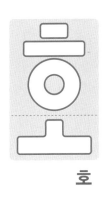

호

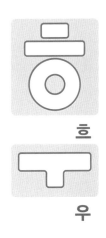

흐
우

후

6 한 글자씩 손가락으로 짚으면서 작은 글자는 작게, 큰 글자는 크게 소리
내어 읽으세요.

호 효 후 휴 흐

111

아하 한글 배우기 ❷ 자음 글자를 배워요

초판 1쇄 발행 2020년 12월 10일
초판 19쇄 발행 2024년 7월 23일

지은이 최영환 진지혜
그림 황나경 장현영
펴낸이 김종곤
편집 이혜선 김진영
디자인 햇빛스튜디오

펴낸곳 (주)창비교육
등록 2014년 6월 20일
      제2014-000183호
제조국 대한민국
주소 04004 서울특별시
     마포구 월드컵로12길 7
전화 1833-7247
팩스 영업 070-4838-4938
     편집 02-6949-0953

🌐 www.changbiedu.com
✉ textbook@changbi.com
© 최영환 진지혜 2020
ISBN 979-11-6570-025-6
74710
ISBN 979-11-6570-023-2
(세트)